노경실 선생님이 들려주는 학교 폭력 안전

노경실 선생님이 들려주는
학교 폭력 안전

ⓒ 2020 노경실

1판 1쇄 펴낸날 | 2020년 2월 28일
2판 1쇄 펴낸날 | 2024년 6월 27일

지은이 | 노경실
그린이 | 이현주
펴낸이 | 양승윤

펴낸곳 | (주)와이엘씨
출판등록 | 1987년 12월 8일 제1987-000005호
주소 | 서울특별시 강남구 강남대로 354 혜천빌딩 15층 (우)06242
전화 | 02-555-3200
팩스 | 02-552-0436
홈페이지 | www.aladinbook.co.kr

School Violence Safety
by Noh Kyeong-sil

Copyright ⓒ 2020 by Noh Kyeong-sil
Printed in KOREA

값 13,000원
ISBN 978-89-8401-728-3 74810
ISBN 978-89-8401-724-5 74810(세트)

알라딘 북스는 (주)와이엘씨의 아동 전문 출판 브랜드입니다.

공통안전기준 표시사항
① 품명 : 노경실 선생님이 들려주는 학교 폭력 안전
② 제조자명 : 알라딘북스
③ 주소 : 서울시 강남구 강남대로 354
④ 연락처 : 02-555-3200
⑤ 제조년월 : 2024년 6월
⑥ 제조국 : 대한민국
⑦ 사용연령 : 7세 이상
⑧ 취급상 주의사항
 • 종이에 베이지 않도록 하세요.
 • 책의 모서리가 날카로우니 던지거나 떨어뜨려 다치지 않도록 주의하세요.
⑨ KC마크는 이 제품이 공통안전기준에 적합하였음을 의미합니다.

노경실 선생님이 들려주는

학교 폭력 안전

글 노경실 | 그림 이현주

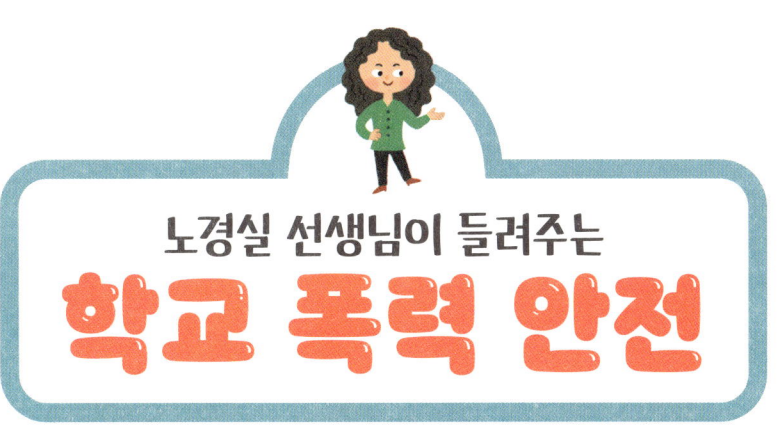

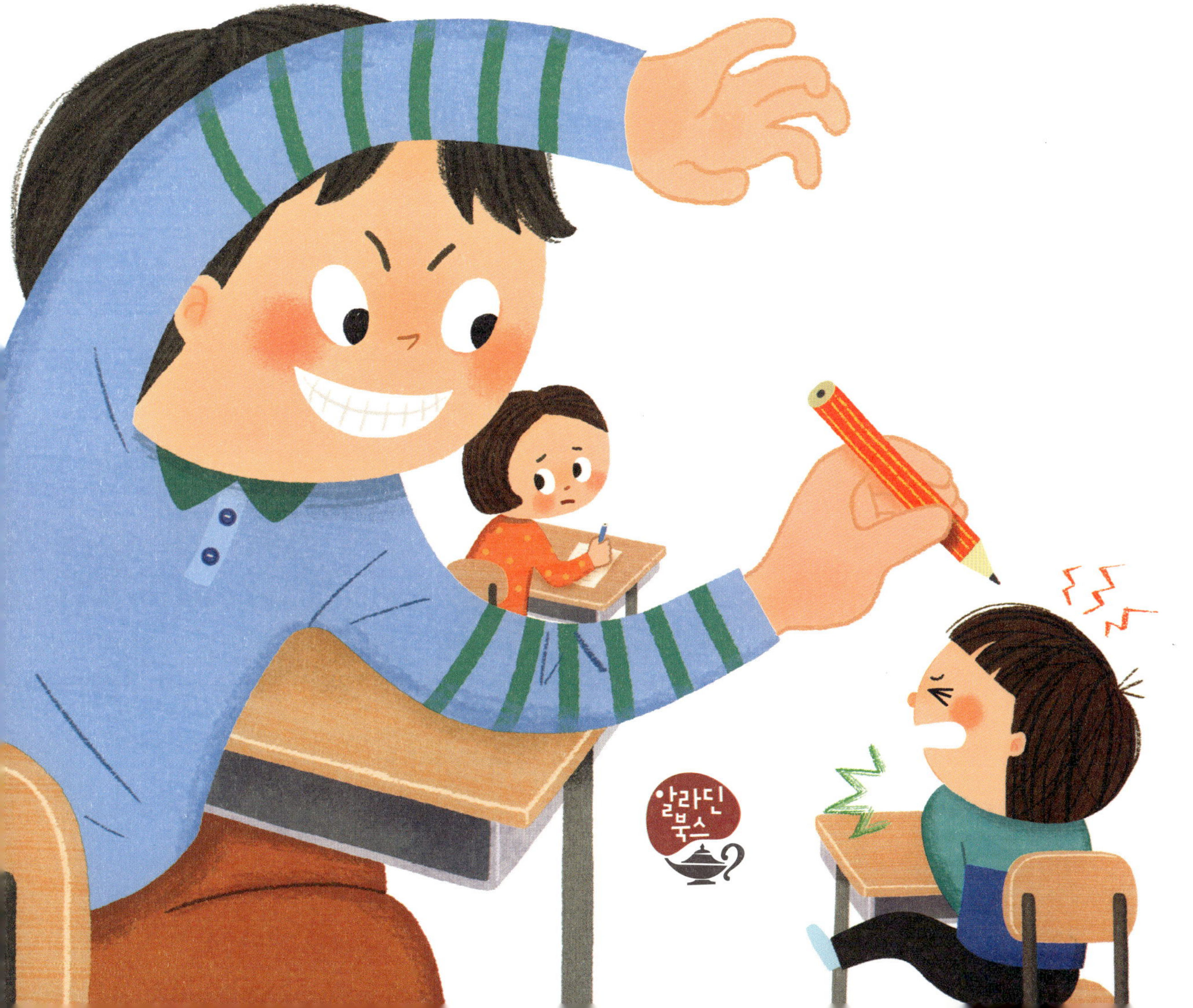

알라딘북스

 머리말

안전한 생활이
안전한 미래를 만들어요!

　나의 어린 시절을 생각하면 지금은 말 그대로 꿈같은 세상입니다. 24시간 아무 때나 서로 얼굴을 보며 전화를 할 수 있지요. 궁금한 것이 있으면 손에 들고 있는 스마트폰을 통해 바로바로 찾아볼 수도 있습니다. 먹고 싶은 것은 언제 어디서고 배달 서비스를 받을 수 있어요. 편리해진 우리의 생활을 다 이야기하자면 일주일도 넘게 걸릴지 모르겠어요. 그중에서도 가장 큰 변화는 아마도 인공지능일 거예요. 영화에서만 보던 로봇이 우리를 위해 일하는 세상이 되었으니까요.

　그런데 참 이상하지요? 날마다 새로운 기술, 첨단 제품들이 나오는데 왜 세상은 더 위험해지고 있는 것일까요? 아마 가장 큰 이유는 너무나 복잡해지고, 정신없이 빠르게 움직이는 사회 구조 때문일 거예요. 그러기에 지금 우리에게 안전한 환경을 만드는 것은 정말 중요합니다. 특히 어린이에게는 가정에서도, 학교에서도 안전 교육이 꼭 필요합니다. 안전은 '말'이나 '생각'만으로 되는 것이 아닙니다. '올바른 앎' 즉, 지식이 있어야 합니다. '아는 만큼 보고 아는 만큼 이해한다'는 속담을 기억하나요? 안전 문제도 마찬가지입니다. 아는 만큼 내 안전을 잘 지킬 수 있습니다. 책과 교육을 통해 정확하고 올바른 안전 지식을 가져야 합니다.

나는 '어린이 안전 동화 시리즈'를 통해 어린이들에게 나를 안전하게 지키는 것은 나의 생명과 건강을 보호하는 것이며, 나의 멋진 미래를 가꾸는 첫걸음이라는 것을 알려 주고 싶습니다.

그리고 이것이 바로 나를 사랑하는 사람들에게 가장 큰 기쁨과 선물이라는 것을 잊지 않기를 바랍니다. 언제나 어린이들과 강아지들과 함께하는 나는, 이 책이 어린이들의 행복하고 안전한 생활의 든든한 친구이자 선생님이 되길 소망합니다.

햇살 눈부신 아침,
일산 휜돌마을에서

노경실

 차례

머리말 4

언어폭력 안전
나쁜 말은 마음을 병들게 해! 9

신체 폭력 안전
때리지 마! 얼마나 아픈 줄 아니? 22

사이버 폭력 안전
얼굴 안 보인다고 함부로 하지 마! 34

갈취와 강요 폭력 안전
나한테 먼저 물어봐 줄래? 48

집단 따돌림 폭력 안전
친구들아, 왜 나만 미워해? 58

> 언어폭력 안전

나쁜 말은 마음을 병들게 해!

　미연이가 교실에 들어서자 보경이와 지수가 후다닥 제자리로 갔어요. 같이 이야기를 하고 있던 도영이는 미연이를 못 본 척 고개를 돌렸지요. 둘은 짝꿍이거든요. 하지만 미연이는 아무렇지 않게 먼저 인사를 했어요.
"도영아, 안녕!"
"나한테 신경 꺼. 폭망 주제에!"
도영이가 코웃음을 치며 쏘아붙였어요.
"폭망? 그게 뭔데?"
놀란 미연이가 빨개진 얼굴로 물었어요.

하지만 도영이는 대꾸도 하지 않고, 얼굴을 홱 돌렸어요.

미연이는 쉬는 시간에 도서실에 가서 컴퓨터로 '폭망'이라는 낱말 뜻을 찾아보았어요.

폭망: '폭삭 망하다'라는 뜻으로, 완전히 실패함을 이르는 말.

미연이는 깜짝 놀랐어요.

'왜 날 보고 폭망이라고 했지? 내가 왜 망했다는 거지? 혹시 내 다리 때문에?'

미연이는 어릴 때 뜨거운 물에 한쪽 다리를 심하게 데었어요. 다행히 여러 차례 수술을 해서 나았지만 데인 자국이 검붉은 반점으로 남았지요. 미연이는 도영이에게 직접 물어보고 싶었지만 용기가 나지 않았어요.

수업이 끝나고 도영이는 보경이, 지수와 함께 교실을 나섰어요. 그때, 도영이 가방에 달려 있던 고양이 인형이 떨어졌어요.

"어? 잠깐만 이거 떨어졌어, 도영아."

미연이가 인형을 주우며 도영이를 불렀지만 도영이는 듣지 못하고 가 버렸어요.

급한 마음에 미연이는 인형을 들고 따라갔어요. 도영이 가까이 다가갔을 때, 아이들이 나누는 이야기가 미연이 귀에 들려왔어요.

"체육 시간에 내가 미연이 다리 봤거든. 엄청 징그러워!"
"너한테 전염되면 어떡해? 도영아, 선생님한테 짝꿍 바꿔 달라고 해."
"설마 그건 아니겠지만 암튼 기분 나빠! 왜 그런 애가 내 짝꿍인 거야! 앞으로 우리끼리 미연이 부를 땐 폭망이라고 하자."
"좋아, 좋아!"

미연이는 차마 아는 체를 할 수가 없었어요.

뒤돌아서는 미연이 눈에서 눈물이 뚝뚝 떨어졌어요. 미연이는 교실로 돌아와 고양이 인형을 도영이 책상 서랍 안에 넣어 두고, 자리에 앉아 한참을 울었어요.

이튿날 아침, 미연이가 교실에 들어서자 몇몇 아이들이 히죽히죽 웃으며 소곤거렸어요.

"폭망 온다. 폭망."

"폭망이 아니라 외계인 아니야?"

"으히히히, 맞아."

미연이는 모른 척 입술을 꾹 깨물며 자리에 앉았어요.

수군거리던 아이들은 선생님이 들어오자 조용해졌지요.

"자, 오늘은 자리 바꾸는 날이지요? 한 달 동안 짝꿍이랑 친해졌겠지만 이제 또 새로운 한 달을 새 짝꿍이랑 사귀어 보는 시간을 가질 거예요."

아이들은 제비뽑기로 뽑은 새 짝꿍과 만나느라 요란하게 자리를 옮기기 시작했지요.

미연이는 자기와 같은 3번을 뽑은 친구를 찾았어요. 하지만 그 친구를 찾은 순간, 가슴이 쿵 내려앉았어요.

오늘 아침에 가장 큰 소리로 미연이를 놀린 정식이였거든요. 정식이는 미연이가 옆자리에 앉자 구겨진 종이처럼 얼굴을 찡그렸어요.

"에이, 짜증 나!"

정식이의 말에 보경이와 수지가 웃었어요.

미연이는 더 이상 참을 수가 없었어요.

'나, 폭망 아니야! 나 외계인 아니라고!'

미연이는 마음속으로 외치며 교실을 뛰쳐나갔어요.

"선생님, 미연이 울면서 나갔어요!"

뒷자리에 앉아 있던 현호가 손을 들고 말했어요.

아이들 자리를 정리해 주느라 바빴던 선생님이 물었지요.

"정식아, 미연이 어디 갔니? 무슨 일 있었던 거야?"

"잘 모르겠어요……."

정식이가 머리를 긁적이며 얼버무렸어요.

"그런데 왜 울면서 나갔지? 너희 아무도 몰라?"

떠들썩했던 교실이 조용해졌어요.

선생님은 급히 교실 밖으로 나갔어요.

선생님이 나가자, 수지가 서랍에 있던 고양이 인형을 들어 보이며 말했어요.

"도영아, 이거 네 거 맞지?"

"어? 그거 잃어버린 줄 알았는데 거기 있었네. 다행이다!"

도영이가 반가운 얼굴로 자리에서 일어섰어요.

"이 인형 누가 가져다 놓았는지 알아?"

도영이가 어리둥절한 얼굴로 바라보았어요.

"어제 내가 청소하다 우연히 봤는데 미연이가 네 가방에서 떨어진 인형을 주워서 가져다 놓더라. 미연이한테 고맙다고 해. 그리고 너희들 미연이에 대해서 그렇게 심한 말을 해도 되는 거니? 모두 미연이한테 사과해!"

수지의 말에 도영이와 아이들은 아무 말도 하지 못했어요.

선생님은 도서실 구석 자리에서 미연이를 찾았어요. 미연이는 선생님께 친구들과 있었던 일을 이야기했어요.

"미연아, 아무 걱정 마. 친구들이 몰라서 그랬을 거야. 선생님이 잘 알려 줄게."

선생님은 미연이와 함께 교실로 돌아왔어요. 그리고 아이들에게 나쁜 말이 얼마나 위험한 것인지 이야기해 주었지요.

"나쁜 말은 총이나 칼처럼 위험한 거예요. 화가 나서, 또는 장난처럼 한 말이 친구에게는 큰 상처가 될 수 있어요. 좋은 말은 사람의 마음을 살리기도 하고, 나쁜 말은 사람의 마음을 병들게도 해요. 나와 다르다고 해서 잘못됐다고 하는 것은 좋은 친구가 아니에요. 잘 알겠어요?"

이튿날, 학교에 등교한 미연이는 서랍에서 작은 강아지 인형과 쪽지 하나를 발견했어요.

> 미연아! 내가 미안했어.
> 고양이 인형 찾아 줘서 고마워.
> 앞으로는 예쁜 말만 할게.
> 우리 친하게 지내자.
>
> —도영이가

강아지 인형을 든 미연이 얼굴에 빙그레 미소가 번졌어요.

안전이 최고야!

💮 문제를 잘 보고 알맞은 곳에 스티커를 붙여 보세요.

1 친구에게 어떻게 인사하면 좋을까요?

㉮ 반갑게 웃으며 인사해요.　　㉯ 친하니까 장난쳐도 괜찮아요.

2 키가 작은 친구에게 어떻게 하면 좋을까요?

㉮ 이름 대신 "꼬마야!"라고 불러요.　　㉯ 외모를 가지고 놀리는 말은 하지 않아요.

3 수줍음 많은 친구에게 어떻게 해야 할까요?

㉮ 먼저 다가가 친하게 지내요.　　㉯ 친구가 없어서 불쌍하다고 소근대요.

4 다문화 가정의 친구가 있다면 어떻게 하는 게 좋을까요?

㉮ 친구가 도움을 요청하면 잘 알려 주고 도와주어요.

㉯ 친구 이름 대신 "다문화! 다문화!"라고 불러요.

5 발표 시간에 말을 잘 하지 못하는 친구에게 어떻게 해야 할까요?

㉮ "바보! 그것도 못하니?"라며 창피를 주어요.

㉯ "잘했어! 힘내!"라며 용기를 주어요.

 노경실 선생님의 '언어폭력 안전' 이야기

주먹이나 몽둥이로 사람을 때리는 것을 '폭력'이라고 해요. 맞은 사람의 몸에는 커다란 상처가 남거나 심하면 목숨을 잃기도 하지요. 그런데 '언어폭력'도 사람을 다치게 해요. 나쁜 말은 눈에 보이지 않는 무서운 몽둥이나 칼과 같지요. 그래서 억울하게 나쁜 말을 들은 사람은 피는 흘리지 않지만 점점 병들어 가요. 마음에 상처를 입은 거지요. 나쁜 말은 마음에 상처를 입히지만 반대로 좋은 말은 마음의 상처를 낫게 해 준답니다.

정답 ❶ 가 ㉯ / ❷ 가 ㉯ / ❸ 나 ㉮ / ❹ 나 ㉮ / ❺ 나 ㉮

신체 폭력 안전

때리지 마! 얼마나 아픈 줄 아니?

"아얏!"

누군가 비명을 질렀어요.

"왜 그러니?"

칠판에 글씨를 쓰던 선생님이 뒤돌아서며 물었어요.

"……."

교실 안은 조용했어요. 서로 눈치만 보고 아무 말도 하지 않았지요.

"장난치지 말고, 수업에 집중하도록."

선생님이 다시 고개를 돌리자, 재석이가 연필로 민구의 팔뚝을 쿡쿡 찔렀어요.

"그만 해! 아프단 말이야!"

민구가 얼굴을 찌푸리며 작은 소리로 말했어요. 하지만 하지 말라고 하면 더 하는 재석이는 히죽거리며 장난을 멈추지 않았지요.

민구는 선생님께 말하고 싶었지만 용기가 나지 않았어요.

"이게 뭐가 아프다고 그래. 너 시원하라고 해 주는 거야."

재석이는 뾰족한 연필심으로 민구의 팔뚝을 계속 찔렀어요.

"흐흑."

민구는 양팔을 감싸며 눈물을 뚝뚝 흘렸어요.

재석이는 그제야 힐끔 눈치를 살피더니 연필을 필통 속에 넣었어요.

민구의 한쪽 팔이 벌레에 물린 것처럼 벌게졌어요.

평소 재석이는 민구를 자주 괴롭혔어요.

민구는 덩치가 크고 싸움을 잘하는 재석이가 무서웠어요. 반 친구들도 그런 재석이를 무서워했지요. 재석이는 선생님 앞에서는 착한 척을 하다가도 선생님 눈을 피해 아이들을 괴롭혔어

요. 그리고는 혼자 재밌다며 킥킥거렸지요.

'다음주까지만 참자.'

민구는 짝꿍이 바뀌는 다음주까지만 꾹 참기로 했어요. 그리고 눈물을 쓱 닦았지요.

이튿날, 학교에 오자마자 민구는 화장실로 갔어요. 소변을 누는데, 누군가 갑자기 뒤에서 다리를 탁 쳤어요.

"으악!"

민구는 휘청거리다 화장실 바닥에 무릎을 꿇고 말았어요.

"으하하하! 미안, 실수야 실수!"

재석이가 낄낄대며 도망갔어요.

"민구야, 괜찮아?"

세면대에서 손을 씻던 준호가 달려와 일으켜 주었어요.

"응, 괜찮아."

민구는 창피하고 속상한 마음에 눈물이 핑 돌았어요.

"민구야, 더 참지 말고 선생님한테 말해. 혼자 말하기 힘들면 내가 같이 가 줄게."

준호가 걱정스러운 얼굴로 말했어요.

"그런다고 재석이가 달라질까? 아마 선생님 없는 데서 더 괴롭힐지도 몰라."

"민구야, 너만 당한 거 아냐. 찬수, 석현이, 태호도 당했대."

"정말?"

"응, 찬수는 재석이가 막대기로 장난을 쳐서 눈을 다칠 뻔했어. 석현이는 화장실에 들어갔는데 문을 잡고 못 나오게 했고, 태호는 지나가는데 얼굴에 침을 뱉었대."

민구가 마치 자기가 당한 듯 두 눈을 질끈 감았어요.

"민구야, 우리가 힘을 내지 않으면 재석이가 더 많은 아이들을 괴롭힐 거야."

하지만 민구는 고개를 절레절레 흔들었어요.

"난 못하겠어. 용기가 안 나."

준호는 민구의 손을 꼭 잡았어요.

"민구야, 우리 사촌 형 얘기해 줄까? 사촌 형이 5학년 때, 너처럼 같은 반 힘센 아이한테 괴롭힘을 당했대. 화장실 가면 머리에 물을 뿌리고, 복도에서 다리 걸고, 체육 시간에는 일

부러 공을 얼굴로 던져서 코피까지 났었대."
"코피? 진짜?"
준호가 고개를 끄덕였어요.
"그래서?"
민구가 준호의 이야기에 귀를 기울였어요.
"엄마, 아빠랑 선생님한테 다 말했대. 처음엔 사촌 형도 더 괴롭힘을 당할까 봐 망설였는데 어른들이 알게 되니까 금방 해결이 됐대. 괴롭히던 친구가 사촌 형한테 직접 사과도 하고 다시는 친구들을 안 괴롭히겠다고 약속했다는 거야."
"그래서 정말 약속을 지켰대?"
"그렇다니까. 완전 다른 사람이 됐대."
하지만 민구는 두려움에 망설여졌어요.
"재석이는 안 변할지도 몰라. 나만 겁쟁이가 되어 놀림받으면 어떡해."
민구의 두 눈에 눈물이 고였어요.
"민구야, 괴롭힘을 당해도 참기만 하는 게 정말 겁쟁이 아닐까?"

잠시 머뭇거리던 민구가 고개를 들었어요.
"맞아, 난 겁쟁이가 되기 싫어."
민구가 반짝이는 눈빛으로 준호를 바라보았어요.
두 손을 맞잡은 준호와 민구는 화장실에서 나와 씩씩하게 걸어갔어요.

안전이 최고야!

❣ 문제를 잘 보고 알맞은 곳에 스티커를 붙여 보세요.

1 짝꿍이 연필로 자꾸 콕콕 찌르면 어떻게 해야 할까요?

㉮ 무섭고 아프니까 그냥 울어요.

㉯ 하지 말라고 하거나 선생님께 도움을 요청해요.

2 아프거나 몸이 약한 친구를 어떻게 대해야 할까요?

㉮ 힘들 땐 도와주고, 놀리지 않아요.

㉯ 나보다 약하니까 무시하고 놀려도 되요.

3 친구와 의견이 다를 때 어떻게 해야 할까요?

㉮ 내 마음대로 해요.

㉯ 서로 조금씩 양보하고 의견을 나누어요.

4. 괴롭힘을 당하는 친구를 보면 어떻게 해야 할까요?

㉮ 선생님이나 부모님께 알려요.

㉯ 나의 일이 아니니 모른 척해요.

5. 친구와 시합에서 지게 되면 어떻게 해야 할까요?

㉮ 아쉽지만 진심으로 친구를 축하해 줘요.

㉯ 친구에게 화풀이를 하며 약 오른 마음을 풀어요.

노경실 선생님의 '신체 폭력 안전' 이야기

장난이라면서 짝꿍을 연필로 쿡쿡 찌르거나, 앞에 앉은 친구의 머리를 툭툭 때리는 아이들이 있어요. "하지 마! 아프단 말이야!"라고 해도 "장난인데 뭐가 아프다고 그래!"라며 웃기도 하지요. 다른 사람의 몸을 함부로 만지거나 싫다는데도 자꾸 건드리는 것은 신체 폭력이에요. 아무리 작은 장난도 폭력이 될 수 있어요. 그리고 이런 잘못된 행동이 습관이 되어 어른이 되어서는 더 크고 무서운 폭력으로 변할 수도 있어요. 작은 폭력도 절대 해서는 안 된다는 것 잊지 마세요.

사이버 폭력 안전

얼굴 안 보인다고 함부로 하지 마!

토요일, 점심 식사를 마친 도영이는 엄마, 아빠와 함께 집을 나섰어요.

"엄마! 아빠! 빨리 가요!"

도영이는 강아지처럼 이리저리 팔짝팔짝 뛰며 좋아했지요.

"핸드폰이 그렇게 좋아? 공부하는 것도 핸드폰처럼 좋아하면 얼마나 좋을까!"

엄마가 한숨을 쉬었어요.

"핸드폰 사 주면 공부 더 잘할게요!"

도영이가 엄마 팔에 팔짱을 끼며 말했어요.

"그래, 우리 딸만 믿는다! 파이팅!"

아빠가 도영이 머리를 쓰다듬으며 활짝 웃었어요.

그날, 저녁 도영이는 새로 산 핸드폰으로 친구들과 대화를 나누었어요.

> 미연: 도영아, 축하해. 드디어 우리 '비밀 채팅방'에 들어왔구나!
> 도영: 와, 내가 이 순간을 얼마나 기다렸다고!
> 보경: 참, 너희들 태호 이야기 알아?
> 도영: 태호? 왜?
> 보경: 유치원 때 별명이 오줌싸개였대!
> 미연: 정말?
> 지수: 크크, 태호가 오줌싸개였다니.
> 보경: 그런데 태호가 채원이를 좋아한대.
> 도영: 채원이가 태호 얘기 들으면 기절하겠다.
> 미연: 유치원 때니까 그럴 수 있지 뭐.
> 지수: 지금도 바지에 오줌 싸는 거 아닐까?

미연: 그런데 그걸 어떻게 알았어?

보경: 정식이한테 들었어.

미연: 정식이는 평소에 거짓말을 너무 잘하잖아!

지수: 맞아, 난 안 믿을래.

도영: 나도!

보경: 그럼 나도!

여자아이들은 시간 가는 줄 모르고 채팅방에서 같은 반 친구들 이야기를 했어요.

며칠 후, 남자아이들이 채팅방에서 말다툼을 했어요.

태호: 정식아, 애들한테 자꾸 내 욕하고 다니면 채팅방에서 내보낼 거야.

정식: 내가 언제 네 욕을 했어?

찬수: 나도 들은 적 있어. 여자애들한테 태호 욕했잖아.

석현: 나도 들었어.

태호: 내가 오줌싸개라고 했다며? 그리고 내가 채원이 좋아한다고 했다면서? 왜 거짓말을 해?

정식: 난 그런 적 없거든. 에이 기분 나빠! XXX!

석현: 왜 욕을 해?

태호: 욕할 거면 나가!

찬수: 맞아, 욕하지 마!

정식: 내 마음이다. 왜? 에이, XXX!

태호: 또 욕하면 채팅방에서 내보낼 거야.

정식: 쳇! 나도 너희랑 안 놀아. 이 XXX!

정식이는 욕을 하더니 채팅방에서 나가 버렸어요.

남은 아이들은 황당하고 화가 났지만 더는 아무 말도 하지 않았어요.

이튿날 아침, 보통 때와는 달리 교실 분위기가 조용했어요. 몇몇 아이들이 모여 수군거리는 게 보였어요. 도영이는 이상한 기분이 들어 짝꿍인 보경이에게 물었어요.

"보경아, 교실 분위기가 왜 그래? 무슨 일 있어?"

"정식이가 애들한테 톡으로 채원이가 오줌싸개 태호를 좋아한다고 소문냈대. 그래서 태호랑 채원이가 선생님한테 말했나 봐."

"진짜?"

도영이 큰 눈이 더욱 커졌어요.

"채원이는 너무 울어서 얼굴이 퉁퉁 부었고, 태호는 배가 아프다고 조퇴했어."

도영이는 책상에 엎드려 있는 채원이에게 조심스레 다가갔어요.

"채원아, 속상해 하지 마. 우리는 네 편이야."

엎드려 있던 채원이가 고개를 들었어요. 눈에는 눈물이 고여 있었지요.

"정말 그럴까? 나는 태호랑 같은 유치원에 다녀서 어릴 때부터 친해. 그게 다야. 그리고 태호는 오줌싸개가 아니야. 아마 태호는 지금 나보다 백배는 더 힘들 거야."

채원이가 울먹이며 말했어요.

"그래, 알아. 걱정 마. 태호는 씩씩하니까 괜찮을 거야."

그때, 미연이가 허둥지둥 달려왔어요.

"얘들아! 6학년 채팅방에서 어떤 언니가 거짓 소문을 퍼뜨려서 부모님들이 학교에 오고 난리가 났대."

"무슨 소문?"

도영이와 채원이가 합창하듯 물었어요.

"시험 시간에 누가 몰래 남의 시험지를 훔쳐봤다고 거짓 소문을 낸 거야."

"그래서 어떻게 됐대?"

채원이가 떨리는 목소리로 물었어요.

"6학년 언니가 큰 충격을 받아서 병원에 입원했대. 우리 언니한테 들은 거야."

"흑흑, 어떡해. 태호도 병원에 입원하는 거 아니겠지?"

채원이가 다시 울음을 터뜨렸어요.

상담실에 갔던 정식이가 선생님과 함께 교실로 들어왔어요.

반 아이들의 눈길이 정식이에게로 향했어요. 정식이는 부끄러운지 얼굴을 들지 못했지요. 많이 울었는지 두 눈은 벌겋게 부어 있었어요.

선생님은 수군거리는 아이들을 조용히 시켰어요.

"얘들아, 정식이가 너희들에게 할 얘기가 있대. 정식아, 준비 됐니?"

정식이가 천천히 앞으로 나왔어요.

"내가 거짓말을 했어. 태호는 오줌싸개가 아니야. 그리고 채원이와 태호는 그냥 친한 친구 사이야. 내가 미안해."

정식이가 울먹이며 말했어요.

"정식아, 잘 알지도 못하면서 왜 그런 소문을 냈니?"

선생님이 다정한 얼굴로 물었어요.

"채팅방에서 아이들이 태호만 좋아하는 게 질투가 나서요."

정식이가 고개를 푹 숙였어요.

"그랬구나. 하지만 정식아, 거짓 소문은 전염병과 같아서 순식간에 모두에게 전염될 수 있어. 특히 핸드폰으로 채팅방에서 하는 말은 더 빨리 번져 나갈 수 있단다."

정식이의 두 눈에서 눈물이 뚝뚝 떨어졌어요.

"정식아, 앞으로는 거짓말하지 않을 거지?"

선생님이 정식이를 안아 주자, 정식이가 아기처럼 큰 소리로 울었어요.

아이들은 거짓말이 얼마나 나쁜 것인지 알게 되었어요. 특히, 인터넷이나 핸드폰으로 하는 거짓말이나 소문이 얼마나 무서운지 다시 한번 깨닫게 되었지요.

안전이 최고야!

♥ 문제를 잘 보고 알맞은 곳에 스티커를 붙여 보세요.

1 친구가 채팅방에 거짓 소문을 올리면 어떻게 해야 할까요?

㉮ 사실을 확인해 보고, 거짓 소문은 믿지 않아요.

㉯ 재미있으니까 함께 소문을 퍼트려요.

2 채팅방에서 친구들과 어떻게 이야기해야 할까요?

㉮ 내가 하고 싶은 말만 해요.

㉯ 다른 친구들도 말할 수 있게 참고 순서를 기다려요.

3 싫어하는 친구와 채팅방에서 만나면 어떻게 할까요?

㉮ 얼굴이 안 보이니까 마음껏 친구 욕을 해요.

㉯ 나쁜 말은 하지 않고, 필요한 말만 해요.

4 채팅방에서 친구들이 괴롭히면 어떻게 해야 할까요?

㉮ 혼자 울고 참아요.

㉯ 선생님이나 부모님께 알려요.

5 핸드폰으로 이상한 글이나 사진을 받으면 어떻게 해야 할까요?

㉮ 글이나 사진을 선생님이나 부모님께 보여 줘요.

㉯ 친구들에게 보내요.

 노경실 선생님의 '사이버 폭력 안전' 이야기

　사이버 폭력의 가장 무서운 점은 거짓말이나 나쁜 소문이 순식간에 널리 널리 퍼진다는 거예요. 이것은 그만큼 많은 사람들이 동시에 그것을 알게 된다는 뜻이기도 해요. 그래서 나에 대해 잘못된 소문이 인터넷으로 퍼지면 바로잡기가 아주 어려워요. 언제 어디에서든 손가락만으로 얼마든지 다른 사람을 공격할 수 있는 끔찍한 무기가 사이버 폭력이에요. 어릴 때부터 올바른 인터넷 예절과 언어를 배우고 지키는 것이 매우 중요합니다.

정답 ❶ ㉮에 ○ / ❷ ㉯에 ○ / ❸ ㉯에 ○ / ❹ ㉯에 ○ / ❺ ㉮에 ○

갈취와 강요 폭력 안전

나한테 먼저 물어봐 줄래?

"와, 이 로봇! 내가 너무너무 갖고 싶었던 건데!"

석현이가 준호 책가방에 달린 인형을 보며 말했어요.

"너도 엄마한테 사 달라고 해."

준호가 씩 웃으며 인형을 들어 보였어요.

"나도 엄마랑 가게에 갔었는데 이 인형이 한정판이라서 다 팔리고 없었어. 준호야, 넌 좋겠다."

석현이 얼굴에 부러움과 아쉬움이 가득했어요. 석현이가 그렇게도 갖고 싶어 하는 인형의 이름은 워리어에요. 용감한 군인이라는 뜻이지요. 지구를 지키는 워리어는 유명한 애니메이

션의 주인공 로봇이에요.

다른 아이들도 준호를 부러워했어요. 준호는 어깨가 으쓱해졌어요. 반에서 혼자만 워리어 인형을 갖고 있으니까요.

수업이 시작되었지만 석현이 머릿속에는 인형 생각밖에 없었지요.

'저 인형만 있으면 다 모으는 건데…….'

석현이 집에는 다양한 캐릭터 인형과 로봇이 많아요. 그중에서도 워리어는 가장 최근에 나온 인형이에요. 그 인형을 준호에게 놓친 거지요. 석현이는 워리어 생각에 공부도 잘 되지 않았어요. 수업이 끝나기만 기다렸지요.

쉬는 시간이 되자, 석현이는 준호에게 다가가 말했어요.

"준호야, 워리어 나한테 팔면 안 돼?"

"안 돼!"

준호가 조금의 고민도 없이 말했어요.

"그럼 하루만 빌려 줄 수 있어? 내 것도 빌려 줄게."

석현이의 표정에 간절함이 가득했어요.

"싫어. 내가 워리어를 얼마나 좋아하는데."

준호의 거절에 석현이 얼굴이 점점 어두워졌어요.

수업이 끝나고 집으로 가는 길이에요.
준호가 초록 신호등을 기다리고 있는데 등 뒤에서 이상한 느낌이 들었어요. 얼른 고개를 돌려 보니 석현이가 허겁지겁 뛰어가는 모습이 보였어요. 그런데 뛰어가는 석현이 손에 워리어가 들려 있었어요. 석현이는 웃으며 워리어를 빙빙 돌려 보였어요.
"앗, 내 워리어! 내 거야! 야, 이리 줘!"
깜짝 놀란 준호가 큰 소리로 외쳤어요.
"오늘만 갖고 놀고, 내일 갖다 줄게."
석현이는 혀를 날름 내밀더니 집을 향해 뛰어갔어요.
"안 돼! 내 거야! 돌려줘!"
준호가 허겁지겁 뒤따라갔지만 석현이는 이미 사라지고 없

었어요.

준호는 그 자리에 주저앉아 큰 소리로 울었어요.

그날 저녁, 석현이 부모님과 석현이가 과일 바구니를 들고 준호네 집을 찾아왔어요. 과일 바구니 속에는 작은 쪽지가 함께 들어 있었어요. 석현이가 준호에게 쓴 편지였지요. 석현이는 작은 소리로 편지를 읽었어요.

> 준호야, 정말 미안해.
> 사과하는 마음으로 앞으로 이 약속을 꼭 지킬게.
> 친구 물건을 함부로 만지지 않을게.
> 만지고 싶을 땐, 친구에게 물어보고 만질게.
> 친구가 싫다고 하면 절대 만지지 않을게.

석현이의 사과에 준호의 마음이 풀렸어요.

그리고 워리어 인형을 하루만 빌려 주기로 했지요.

오늘은 샌드위치를 만드는 날이에요. 요리실에 모인 아이들은 앞치마를 두르고 깨끗이 씻은 손으로 샌드위치를 만들기 시작했어요. 아이들이 만든 샌드위치는 학교 옆 노인정에 계시는 할아버지, 할머니께 가져다드릴 거예요. 물론 친구들과 함께 먹을 것도 만들고요.

요리사가 꿈인 해리는 열심히 샌드위치를 만들었어요. 그런데 옆에 있는 수지가 자꾸 심부름을 시켰어요.

"해리야, 감자 좀 씻어 올래?"

"응, 알았어."

"해리야, 치즈 좀 잘라 줘."

"나도 바쁜데……."

해리는 꾹 참고 치즈를 잘라 주었어요.

"해리야, 종이 행주 좀 가져와."

"아이 참, 나도 바쁜데……."

"해리야, 마요네즈 좀 찾아 줘."

참고 참던 해리가 결국 화를 내고 말았어요.

"네가 좀 해! 나도 바쁘단 말이야!"

"흥, 치사하게 친구를 안 도와주기야?"

수지는 사과는커녕 도리어 화를 냈어요.

두 아이의 목소리는 점점 더 커졌어요. 결국 선생님이 와서야 말다툼이 멈췄어요.

"얘들아, 친구에게 억지로 자꾸 시키는 것도 폭력이야. 필요할 땐, 도움을 요청할 수 있지만 친구가 거절하면 더 이상 강요하지 않는 자세도 필요하단다. 알았니?"

수지는 고개를 끄덕였어요.

요리를 잘하는 해리가 도와주는 게 당연하다고 생각했던 것이 옳지 못했다는 것도 깨달았지요.

"해리야, 미안해."

수지가 수줍은 미소를 띠며 말했어요.

"좋아, 우리 같이 하자."

해리가 수지의 손을 잡으며 활짝 웃었어요.

안전이 최고야!

❤ 문제를 잘 보고 알맞은 곳에 스티커를 붙여 보세요.

1 준비물을 안 가지고 왔을 때는 어떻게 해야 할까요?

㉮ 친구에게 물어보고 함께 사용해요.

㉯ 친구 것을 맘대로 가져와 써도 되요.

2 친구 장난감을 갖고 싶을 때는 어떻게 하나요?

㉮ 친구에게 부탁해 함께 갖고 놀거나 꾹 참아요.

㉯ 빼앗아서 내 것처럼 갖고 놀아요.

3 친구가 내 물건을 돌려주지 않으면 어떻게 하나요?

㉮ 돌려달라고 해도 주지 않으면 선생님이나 부모님께 말해요.

㉯ 친구와 싸워서 이긴 사람이 물건을 가지기로 해요.

4 학교에서 귀찮은 일이 생기면 어떻게 하나요?

㉮ 귀찮아도 내가 해야 할 일은 스스로 해요.

㉯ 힘이 약한 친구에게 다 시키고 편하게 있어요.

5 친구가 계속 심부름을 시키면 어떻게 해야 할까요?

㉮ 무서우니까 시키는 대로 다 해요.

㉯ "싫어. 네 일은 네가 해."라며 확실하게 말해요.

노경실 선생님의 '갈취와 강요 폭력 안전' 이야기

함께 나누는 것은 좋은 거예요. 그러나 남의 물건을 함부로 사용하거나 돌려주지 않는 것은 옳은 행동이 아니에요. 우리 주변에는 친구를 자기 부하처럼 부리는 친구들이 있어요. 체격이 작거나, 수줍음이 많은 친구를 심부름꾼 취급하는 거지요. 친구의 물건을 마음대로 가져가 돌려주지 않거나 친구를 함부로 대하는 것, 그리고 친구가 싫다고 하는 것을 강요하는 것, 모두 무서운 폭력임을 잊지 마세요!

정답 ① 가에 ○ / ② 가에 ○ / ③ 가에 ○ / ④ 가에 ○ / ⑤ 나에 ○

집단 따돌림 폭력 안전

친구들아, 왜 나만 미워해?

어느 날부터 반 아이들 사이에 이상한 소문이 돌기 시작했어요.

"현수랑 놀지 마!"

"현수는 잘난 척 대장이야!"

현수가 전국 대회에서 글짓기 상과 과학 발명상을 모두 받은 뒤부터, 생긴 소문이에요. 누가 먼저 퍼뜨렸는지는 몰라요.

"현수가 우리 학교 이름을 빛나게 했어요. 여러분도 현수처럼 글이든 그림이든 자기가 잘하는 것을 더욱 열심히 하세요."

선생님이 현수를 자꾸 칭찬하자 몇몇 아이들 마음이 더 비뚤

어졌지요.

"흥! 정말 자기 실력으로 상을 받았을까?"

"상 받더니 자기가 제일 잘난 줄 알아."

"영어도 못하면서 그까짓 글쓰기 잘하면 뭐 해!"

"현수랑 친하게 지내는 애들도 똑같아. 같이 놀지 말자."

반 아이들은 하루하루 지날수록 현수를 멀리 했어요. 현수가 하는 말에는 일부러 핑계를 댔지요.

"진구야, 같이 축구하자."

"안 돼. 엄마가 빨리 오라고 했어."

"승채야, 이 과자 먹어."

"싫어. 지금 배불러."

"준서야, 연필 좀 빌려줄래?"

"나는 빌려주는 거 싫어해!"

이것만이 아니에요. 현수가 잘난 척한다는 소문은 더 크게 퍼졌어요. 여자아이들도 현수를 보며 수군거렸지요. 현수가 무슨 말이라도 하면 잘난 체한다면서 비웃었어요.

'애들이 갑자기 왜 그러지?

현수는 갑자기 달라진 아이들이 이상했지만 이유를 알 수 없어 답답하기만 했어요.

그리고 현수와 친했던 태호와 찬수까지 현수를 멀리하기 시작했어요. 수업을 마치자 현수는 두 아이에게 말했어요.

"오늘 우리 집에서 같이 숙제하자. 엄마가 자장면이랑 탕수육 만들어 준다고 했어."

태호와 찬수가 잠시 망설이더니 주위를 살피며 말했어요.

"그럼 너 먼저 집에 가 있어. 우리는 갈 데가 있어서 조금 있다가 너희 집으로 갈게."

"그래, 빨리 와!"

현수는 기분이 좋아 큰 소리로 말했어요.

이튿날, 교실 안이 뒤숭숭했어요.

정식이가 태호와 찬수를 복도로 불러내 말했어요.

"야! 너희 어제 현수네 가서 놀았다며? 너희 둘이 현수네 집에 가는 거 민식이가 봤대. 이 배신자들아!"

싸움 잘하는 정식이가 으르렁거리자 두 아이는 한마디도 하지 못했어요. 그때부터 아이들은 더욱 현수를 피했어요. 현수는 학교에서 누구하고도 말을 하지 못했어요. 마음이 슬펐어요.

'내가 뭘 잘못해서 아이들이 날 따돌리는 걸까?'

송이는 그런 현수를 불쌍하게 생각했어요.

"현수야, 넌 잘못한 게 없어. 널 따돌리고 나쁜 소문을 내는 아이들이 잘못된 거야. 자신감을 가져."

"고마워."

현수는 다시 마음을 다잡았어요. 하지만 슬픈 마음은 사라지지 않았지요.

토요일 아침, 현수는 용기를 내서 채팅방을 만들어 친구들에게 연락을 했어요.

> 현수: 새 게임 아이템 생겼는데 우리 집에 와서 놀자.
> 태호: 미안, 오늘 엄마랑 치과 가는 날이야.
> 찬수: 나는 지금 엄마, 아빠랑 놀이공원 가고 있어.
> 정식: 야! 잘난척하는 현수랑 놀면 너희도 똑같아져.
> 현수: 그게 무슨 말이야? 내가 잘난 척을 한다고?

> 정식: 그래, 넌 만날 상 받는다고 잘난 척하잖아.
> 그러니까 애들이 널 싫어하는 거야.

현수는 그제야 아이들이 자신을 따돌렸던 이유를 알게 되었어요. 하지만 너무 억울했어요. 현수는 상을 받긴 했지만 잘난 척을 한 적이 없었거든요. 현수를 시기 질투한 아이들이 만든 거짓 소문이었던 거예요.

현수는 송이에게 고민을 털어놓았어요.

"송이야, 아이들이 날 싫어했던 이유를 알았어."

"그게 뭔데?"

"내가 상을 받고 잘난 척을 했다는 거야. 하지만 난 잘난 척을 한 적이 없어."

"현수야, 나는 너를 믿어. 너는 그런 적이 없어. 아이들이 질투심 때문에 만든 나쁜 소문이야."

"어떻게 하면 거짓 소문을 바로잡고 아이들에게 내 마음을 알릴 수 있을까?"

"현수야, 먼저 선생님께 말씀드리고 방법을 찾아보자."

송이는 담임선생님께 현수가 겪고 있는 어려움을 이야기했어요.

"선생님, 현수가 나쁜 소문 때문에 너무 힘들어하고 있어요."

"휴, 그런 일이 있었구나……."

선생님이 한숨을 내쉬었어요.

"현수와 친했던 아이들까지 현수를 따돌리고 있어요."

"교실에서 그런 일이 있는데 내가 전혀 몰랐다니. 송이야, 용기 있게 말해 줘서 고마워."

선생님이 송이의 머리를 쓰다듬어 주었어요.

"사실은 저도 예전에 현수처럼 아이들에게 따돌림을 당한 적이 있거든요."

"그랬어?"

선생님이 깜짝 놀란 얼굴로 송이를 바라보았어요.

"네, 그래서 지금 현수가 얼마나 힘든지 잘 알아요."

"그래, 우리 현수를 위해서 함께 노력해 보자. 선생님이 아이들에게는 잘 말할게. 그리고 현수가 원하면 또래 상담할 수

있도록 준비해 줄게."

"선생님, 고맙습니다!"

"아니야, 선생님이 송이에게 더 고마워."

선생님은 몇 번이나 송이의 용기를 칭찬해 주었어요.

송이는 가벼운 마음으로 교실로 돌아왔어요. 현수는 책상에 엎드려 있었어요.

송이는 다가가 현수 어깨를 톡톡 쳤어요.

"현수야!"

현수가 고개를 들었어요.

"걱정 마. 모두 잘 해결될 거야. 넌 혼자가 아니거든. 그리고 진실은 늘 밝혀지잖아!"

송이가 현수를 보며 방긋 웃었어요.

안전이 최고야!

🌷 문제를 잘 보고 알맞은 곳에 스티커를 붙여 보세요.

1 친구들에게 따돌림을 당하면 어떻게 해야 할까요?

㉮ 나를 따돌리는 친구들과 욕하고 싸워요.

㉯ 혼자 고민하지 말고 선생님이나 부모님께 말해요.

2 마음에 들지 않는 친구가 있을 땐 어떻게 할까요?

㉮ 따돌리고 친한 친구들끼리만 놀아요.

㉯ 서로 이해하며 잘 지낼 수 있도록 노력해요.

3 아이들이 한 아이를 놀리고 흉보면 어떻게 하나요?

㉮ 나도 같이 흉을 보고 깔깔 웃어요.

㉯ 못 하게 말리거나 계속 하면 선생님께 알려요.

4 새로운 친구가 전학을 오면 어떻게 해야 할까요?

② 잘 모르는 친구니까 친한 친구들끼리만 놀아요.

④ 전학 온 친구가 잘 적응하도록 도와주어요.

5 신체적인 특징을 가지고 친구를 놀려도 되나요?

② 어떤 상황에서도 친구를 놀리는 것은 나빠요.

④ 친구 사이니까 놀려도 괜찮아요.

노경실 선생님의 '집단 따돌림 폭력 안전' 이야기

따돌림을 하는 이유는 무엇일까요? 가장 큰 원인은 자기 마음에 들지 않아서예요. 하지만 내 마음에 들지 않는다고 해서 친구를 따돌리는 것은 아주 위험한 폭력이에요. 햇살이 누구에게나 똑같이 눈부신 빛을 선물하는 것처럼 사람은 모두 소중한 존재예요. 나처럼 친구들도 부모님의 사랑스러운 보물이라는 걸 잊지 말고, 서로를 소중히 대하고 아껴 주는 마음이 필요하답니다.

정답 ① 나 자 / ② 나 자 / ③ 나 자 / ④ 나 자 / ⑤ 나 자

Safe lifestyle to create a safe future

These days, why do we live in a more dangerous world despite the new technologies and high-tech products? The biggest reason is the social structure that is so complicated and moving insanely fast. It is really important to create a safe environment. Safety education is essential at home, at school, in the neighborhood, and at work. Among them, it is the most important to keep our own safety.

Safety is not kept by 'words' or 'thoughts'. 'Knowing the right thing', that is, we need knowledge. Do you remember the proverb, "I see as much as I know, I understand as much as I know?" Even in the case of safety, the situation is the same. As far as we know, we can keep our safety. So it's very dangerous to know roughly. We must have the right safety knowledge through books and education.

The 'Children's Safety Fairy Tales Series' tells children that keeping my body safe is: first, to protect my life and health, second, the first step in shaping my wonderful future. Also, it gives pleasure to our loved families and friends. I hope this book will be a good and friendly friend and teacher for the children's happy and safe life.